ÉDUQUER SON MALINOIS

FRANÇOIS KIESGEN DE RICHTER

Copyright © 2019 François Kiesgen de Richter

Tous droits réservés.

ISBN : 9781096857563

Marque éditoriale : Independently published

1 - BIENVENUE	5
2 - CHOISIR SON MALINOIS	6
3 - L'ARRIVÉE DU MALINOIS	10
4 - LA PROPRETÉ DU MALINOIS	17
5 - LA SOCIALISATION DU MALINOIS	19
6 - RÈGLES D'ÉDUCATION POUR LE MALINOIS	22
7- LES JEUX AVEC VOTRE MALINOIS	25
8 – L' ÉDUCATION DU MALINOIS	27
FIN	38

Le chien est le meilleur ami de l'homme.

1 - BIENVENUE

Sachez qu'en faisant l'acquisition d'un chiot, vous encouragez le mode d'élevage. Un chiot doit naître et grandir dans le respect de ses besoins physiologiques et psychologiques, qui ne sont ni l'exiguïté ni le minimum vital en guise de soins. Les parents du chiot doivent avoir été testés pour les maladies usuelles. Un chiot doit avoir des parents inscrits au LOF, car les accouplements par hasard d'une rencontre ne garantiront jamais les spécificités d'une race. Les éleveurs agréés garantissent la continuité de la race, ce sont leurs préoccupations essentielles. Votre choix n'est pas anodin.

Plusieurs approches existent pour éduquer votre Malinois. La traditionnelle repose en partie sur le principe de la punition pour faire comprendre au Malinois à quel moment il se comporte mal. Elle semble avoir des résultats rapides, mais son fondement lui-même est contesté, car elle produit de mauvais conditionnements. Le Malinois n'a pas à juger la situation ni à analyser le danger, mais il doit réagir comme un automate.

Je propose une éducation qui utilise le renforcement positif, et qui donc va tirer parti de toute l'intelligence du Malinois, elle est souvent nommée « méthode moderne ».

Le malinois est la variété de berger belge de couleur fauve à poils courts, longtemps appelée chien de berger belge de Malines. Il s'agit de la région nord occidentale de la Belgique, que l'on nomme le Brabant. Le nom exact de la ville est Mechelen en flamand, elle est située près d'Anvers. L'élevage « Ter Heide » est le berceau du malinois.

C'est un chien qui a la taille moyenne d'un loup, qui a le poil raz, et la robe fauve bringée. Son utilité dans les exploitations agricoles était surtout la garde des fermes et des troupeaux. C'est un chien intelligent, doué d'un instinct prononcé avec beaucoup de tempérament, aussi dès qu'il sera chez vous, il faudra fixer les règles et lui donner une éducation très pointue. L'idéal est de l'inscrire à l'école du chiot dans le club canin de votre région dès trois mois.

Le malinois s'imposa en Belgique sur les autres variétés qui étaient à poils longs : la variété à poil court présentant beaucoup d'avantages, et encore aujourd'hui en utilisation. Aujourd'hui les qualités de beauté sont importantes et le poil long se retrouve plus facilement en famille et le poil court en utilisation.

Le malinois est un chien de travail aux qualités exceptionnelles. Il sait être en même temps un ami fidèle et un admirable compagnon de jeu, de sport canin et de travail. Toujours aux aguets, attentif, infatigable, au caractère équilibré, très sensible, il s'attache énormément à sa famille. Son obéissance est immédiate. À la maison il sera un compagnon agréable et un excellent gardien, mais comme tous les bergers belges, il demandera de l'activité.

Pour les bergers belges, le Standard FCI est le N°15, la race est de nationalité Belge. En Belgique, à l'origine c'est un chien de berger, aujourd'hui c'est plus un chien d'utilité (garde, défense, pistage, etc.) qui se montre polyvalent et fait un excellent chien de famille. C'est un chien du groupe 1 soit : Chiens de berger et de bouvier (sauf chiens de bouvier suisses), avec épreuve de travail. A la fin des années 1800, on avait en Belgique une foule de chiens conducteurs de troupeaux, dont le type était hétérogène et les robes d'une extrême diversité. Afin de mettre un peu d'ordre dans cet état de choses, des cynophiles passionnés constituèrent un groupe et se laissèrent éclairer par le professeur A. Reul, de l'Ecole de Médecine Vétérinaire de Cureghem, que l'on peut considérer comme le véritable pionnier et le fondateur de la race. C'est entre 1891 et 1897 que la race naît officiellement. Le 29 septembre 1891 se fonde à Bruxelles le « Club du Chien de Berger Belge » et la même année encore, le 15 novembre, le Professeur A. Reul organise à Cureghem un rassemblement de 117 chiens, ce qui permit d'effectuer un recensement et d'opérer un choix des meilleurs sujets. Les années suivantes on commence une vraie sélection, en pratiquant une consanguinité extrême sur quelques étalons. Le 3 avril 1892, un premier standard de race fort détaillé fut déjà rédigé par le « Club du Chien de Berger Belge ». Une seule race fut admise, avec trois variétés de poil. Toutefois, comme on disait à l'époque, le Berger Belge n'était qu'un chien de petites gens, donc une race qui manquait encore de prestige. Par conséquent, ce n'est qu'en 1901 que les premiers Bergers Belges ont été enregistrés dans le Livre des Origines de la Société Royale Saint-Hubert (L.O.S.H.).

ASPECT GENERAL : Le Berger Belge est un chien médioligne, harmonieusement proportionné, alliant élégance et puissance, de taille moyenne, de musculature sèche et forte, inscriptible dans un carré, rustique, habitué à la vie en plein air et bâti pour résister aux variations atmosphériques si fréquentes du climat belge. Par l'harmonie de ses formes et le port altier de la tête, le chien de Berger Belge doit donner l'impression de cette élégante robustesse qui est devenue l'apanage des représentants sélectionnés d'une race de travail. Le Berger Belge sera jugé en statique dans ses positions naturelles, sans contact physique avec le présentateur.

PROPORTIONS IMPORTANTES : Le chien de Berger Belge est inscriptible dans un carré. La poitrine est descendue jusqu'au niveau des coudes. La longueur du museau est égale ou légèrement supérieure à la moitié de la longueur de la tête.

COMPORTEMENT / CARACTERE : Le Berger Belge est un chien vigilant et actif, débordant de vitalité et toujours prêt à passer à l'action. A l'aptitude innée de gardien de troupeaux, il joint les précieuses qualités du meilleur chien de garde pour la propriété. Il est, sans nulle hésitation, l'opiniâtre et ardent défenseur de son maître. Il réunit toutes les qualités requises pour être un chien de berger, de garde, de défense et de service. Son tempérament vif et alerte et son caractère assuré, sans aucune crainte ni agressivité, doivent être visibles dans l'attitude du corps et l'expression fière et attentive de ses yeux étincelants. On tiendra compte du caractère « calme » et « hardi » dans les jugements.

TETE : Portée haut, longue sans exagération, rectiligne, bien ciselée et sèche. Le crâne et le museau sont de longueur sensiblement égale, avec au maximum un très léger avantage pour le museau, ce qui donne une impression de fini parachevé à l'ensemble.

REGION CRANIENNE : De largeur moyenne, en proportion avec la longueur de la tête, à front plutôt aplati qu'arrondi, au sillon médian peu prononcé ; vu de profil, parallèle à la ligne imaginaire prolongeant le chanfrein ; crête occipitale peu développée ; arcades sourcilières et zygomatiques non proéminentes.

Stop : Modéré.

REGION FACIALE :

Truffe (Nez) : Noire.

Museau : De moyenne longueur et bien ciselé sous les yeux ; s'amincissant graduellement vers le nez, en forme de coin allongé ; chanfrein droit et parallèle à la ligne supérieure prolongée du front ; gueule bien fendue, ce qui veut dire que lorsque la gueule est ouverte, les commissures des lèvres sont tirées très en arrière, les mâchoires étant bien écartées.

Lèvres : Minces, bien serrées et fortement pigmentées.

Mâchoires/dents : Dents fortes et blanches, régulièrement et fortement implantées dans des mâchoires bien développées. Articulé « en ciseaux » ; la denture « en pince », qui est préférée des conducteurs de moutons et de bestiaux, est tolérée. Denture complète, correspondant à la formule dentaire ; l'absence de deux prémolaires (2 PM1) est tolérée et les molaires 3 (M3) ne sont pas prises en considération.

Joues : Sèches et bien plates, quoique musclées.

Yeux : De grandeur moyenne, ni proéminents, ni enfoncés, légèrement en forme d'amande, obliques, de couleur brunâtre, de préférence foncés ; paupières bordées de noir ; regard direct, vif, intelligent et interrogateur.

Oreilles : Plutôt petites, haut plantées, d'apparence nettement triangulaire, conques bien arrondies, l'extrémité en pointe, rigides, portées droit et verticalement quand le chien est attentif.

COU : Bien dégagé, légèrement allongé, assez redressé, bien musclé, s'élargissant graduellement vers les épaules et exempt de fanon ; la nuque légèrement arquée.

CORPS : Puissant sans lourdeur ; la longueur depuis la pointe de l'épaule jusqu'à la pointe de la fesse est approximativement égale à la hauteur au garrot.

Ligne du dessus : La ligne du dos et du rein est droite.

Garrot : Accentué.

Dos : Ferme, court et bien musclé.

Rein : Solide, court, suffisamment large, bien musclé.

Croupe : Bien musclée ; ne s'inclinant que très légèrement ; suffisamment large, mais sans excès.

Poitrine : Peu large, mais bien descendue ; les côtes arquées à leur partie supérieure ; vu de face le poitrail est peu large, sans être étroit.

Ligne du dessous et ventre : Commence au-dessous de la poitrine et remonte légèrement, dans une courbe harmonieuse, vers le ventre, qui n'est ni avalé, ni levretté, mais légèrement relevé et modérément développé.

QUEUE : Bien attachée, forte à la base, de longueur moyenne, atteignant au moins mais dépassant de préférence le jarret repos portée pendante, la pointe légèrement recourbée en arrière au niveau du jarret ; en action plus relevée, sans aller au-dessus de l'horizontale, la courbe vers la pointe plus accentuée, sans toutefois qu'à aucun moment elle ne puisse former ni crochet, ni déviation.

MEMBRES

MEMBRES ANTERIEURS :

Vue d'ensemble : Ossature solide, mais pas lourde ; musculature sèche et forte ; les antérieurs sont d'aplomb vus de tous les côtés et parfaitement parallèles vus de devant.

Epaules : L'omoplate est longue et oblique, bien attachée, formant avec l'humérus un angle suffisant, mesurant idéalement 110-115°.

Bras : Long et suffisamment oblique.

Coude : Ferme, ni décollé, ni serré.

Avant-bras : Long et droit.

Carpe (Poignet') : Très ferme et net.

Métacarpes : Forts et courts, autant que possible perpendiculaires au sol ou seulement très peu inclinés vers l'avant.

Pieds antérieurs : Ronds, pieds de chat ; les doigts recourbés et bien serrés ; les coussinets épais et élastiques ; les ongles foncés et gros.

MEMBRES POSTERIEURS :

Vue d'ensemble : Puissants, mais sans lourdeur ; de profil, les postérieurs sont d'aplomb et vus de derrière, parfaitement parallèles.

Cuisse : De longueur moyenne, large et fortement musclée.

Grasset (Genou) : Approximativement à l'aplomb de la hanche ; angulation du genou normale.

Jambe : De longueur moyenne, large et musclée.

Jarret : Près de terre, large et musclé, modérément angulé.

Métatarses : Solides et courts ; les ergots ne sont pas désirés.

Pieds postérieurs: Peuvent être légèrement ovales ; les doigts recourbés et bien serrés ; les coussinets épais et élastiques ; les ongles foncés et gros.

ALLURES : Mouvement vif et dégagé à toutes les allures : le Berger Belge est un bon galopeur, mais les allures habituelles sont le pas et surtout le trot : les membres se meuvent parallèlement au plan médian du corps. A grande vitesse les pieds se rapprochent du plan médian ; au trot, l'amplitude est moyenne, le mouvement est régulier et aisé, avec une bonne poussée des postérieurs, la ligne du dessus demeurant bien tendue, sans que les antérieurs soient levés trop haut. Sans cesse en mouvement, le chien de Berger Belge semble infatigable ; sa démarche est rapide, élastique et vive. Il est capable d'effectuer un changement soudain de direction en pleine vitesse ; par son tempérament exubérant et son désir de garder et de protéger, il a une tendance marquée à se mouvoir en cercles.

PEAU : Elastique, mais bien tendue sur tout le corps ; bord des lèvres et des paupières fortement pigmenté.

ROBE ET VARIETES : Le poil étant de longueur, de direction, d'aspect et de couleur variés chez les chiens de Berger Belge, ce point a été adopté comme critère pour distinguer les quatre variétés de la race : le Groenendael, le Tervueren, le Malinois et le Laekenois. Ces quatre variétés sont jugées séparément et peuvent obtenir chacune une proposition de CAC, de CACIB ou de réserve.

Qualité du poil : Dans toutes les variétés le poil doit toujours être dense, serré et de bonne texture, formant avec le sous-poil laineux une excellente enveloppe protectrice.

POIL LONG : Le poil est court sur la tête, la face externe des oreilles et le bas des membres, sauf sur le bord postérieur de l'avant-bras qui est garni, du coude au poignet, de poils longs appelés franges. Le poil est long et lisse sur le restant du corps et plus long et abondant autour du cou et sur le poitrail, où il forme collerette et jabot. L'ouverture du conduit auditif est protégée par des poils touffus. Les poils depuis la base de l'oreille sont relevés et encadrent la tête. L'arrière des cuisses est orné d'un poil très long et très abondant, formant la culotte. La queue est garnie d'un poil long et abondant formant panache. Le Groenendael et le Tervueren sont des poils longs.

POIL COURT : Le poil est très court sur la tête, la face externe des oreilles et le bas des membres. Il est court sur le reste du corps et plus fourni à la queue et autour du cou, où il dessine une collerette qui prend naissance à la base de l'oreille, s'étendant jusqu'à la gorge. En outre, l'arrière des cuisses est frangé de poils plus longs. La queue est épiée, mais ne forme pas panache. Le Malinois est le poil court.

POIL DUR : Ce qui caractérise surtout le poil dur, c'est l'état de rudesse et de sécheresse du poil, qui, en outre, est crissant et ébouriffé. Sensiblement de six centimètres sur toutes les parties du corps, le poil est plus court sur le dessus du chanfrein, le front et les membres. Ni les poils du pourtour des yeux, ni ceux garnissant le museau, ne seront assez développés pour masquer la forme de la tête. L'existence de la garniture du museau est cependant obligatoire. La queue ne doit pas former panache. Le Laekenois est le poil dur.

Couleur du poil :

Masque : chez les Tervuerens et les Malinois, le masque doit être très bien prononcé et tendre à englober les lèvres supérieure et inférieure, la commissure des lèvres et les paupières, en une seule zone noire. Il est défini un strict minimum de six points de pigmentation des phanères : les deux oreilles, les deux paupières supérieures et les deux lèvres supérieure et inférieure, qui doivent être noires.

Charbonné : Chez les Tervuerens et les Malinois, le charbonné signifie que des poils ont une extrémité noire, ce qui ombre la couleur de base. Ce noir est de toute façon « flammé » et ne peut être présent ni en grandes plaques, ni en vraies rayures (bringé). Chez les Laekenois le charbonné s'exprime plus discrètement.

Groenendael : uniquement le noir zain.

Tervueren : uniquement le fauve-charbonné et le gris-charbonné, sous masque noir ; toutefois, la couleur fauve-charbonné reste la préférée. Le fauve doit être chaud, n'être ni clair, ni délavé. Tout chien dont la couleur est autre que fauve-charbonné ou ne répond pas à l'intensité désirée ne peut pas être considéré comme un sujet d'élite.

Malinois : uniquement le fauve-charbonné avec masque noir.

Laekenois : uniquement le fauve avec traces de charbonné, principalement au museau et à la queue.

Pour toutes les variétés : un peu de blanc est toléré au poitrail et aux doigts

Hauteur au garrot : la hauteur désirable est en moyenne de 62 cm pour les mâles.

58 cm pour les femelles.

Limites : en moins 2 cm, en plus 4 cm.

Poids : mâles environ 25-30 kg.

Femelles environ 20-25 kg.

Mensurations : mesures moyennes normales chez un chien de Berger
Belge mâle de 62 cm au garrot :
Longueur du corps (de la pointe de l'épaule à la pointe de la fesse) : 62 cm.
Longueur de la tête : 25 cm.
Longueur du museau : 12,5 à 13 cm.

Avant de choisir un chiot soyez vigilant aux points suivants : Aspect général : lourdaud, manquant d'élégance ; trop léger ou trop frêle ; plus long que haut, inscriptible dans un rectangle. Tête : lourde, trop forte, manquant de parallélisme, insuffisamment ciselée ou sèche ; front trop arrondi ; stop trop accusé ou effacé ; museau trop court ou pincé ; chanfrein busqué ; arcades sourcilières ou zygomatiques trop proéminentes. Truffe, lèvres, paupières : traces de dépigmentation. Denture : incisives mal rangées. Défaut grave : manque d'une incisive, d'une prémolaire 3, d'une prémolaire 2, de 3 prémolaires Yeux : clairs, ronds. Oreilles : grandes, longues, trop larges à la base, plantées bas, divergentes ou convergentes. Cou : grêle ; court ou engoncé. Corps : trop allongé ; cage thoracique trop large (cylindrique). Garrot : effacé, bas.

2 - CHOISIR SON MALINOIS

Je vais d'abord, parlez de vous, futur maître, avant de vous livrer un lot de conseils sur le choix de votre Malinois. La petite boule de poils, c'est tout beau, tout mignon. Êtes-vous sûrs de votre choix ?

Un Malinois c'est pour 12 à 14 ans de vie commune avec un compagnon.

Êtes-vous joueurs — pas de poker ou de roulette russe — mais de balle, ou de Frisbee. Le jeu est le secret pour établir une connivence avec votre Malinois. Si vous associez le jeu et la récompense alors ce sera gagné. Mais attention, l'usage de la récompense est un art. L'objectif n'est pas d'avoir un Malinois dépendant à la croquette.

Je vais faire des grincheux, mais un Malinois ne s'achète pas en animalerie, et surtout pas chez un particulier non déclaré comme éleveur et qui aurait de magnifiques chiots sans LOF. L'élevage est depuis janvier 2016 réglementé. C'est une affaire de professionnels.

Nous allons tordre le cou une fois de plus à une idée reçue. Un Malinois dominant cela n'existe pas. Le Malinois réagit à un phénomène de meute, il ne sera jamais dominant ou soumis, il évoluera dans une palette de comportements en fonction du contexte et de son caractère. Par contre un Malinois peut avoir plus ou moins de caractère, être plus ou moins craintif ou insociable. Un test vous aidera à comprendre le caractère du chiot, et l'éducation jouera alors pleinement son rôle.

C'est essentiel que votre Malinois soit sociable. Attention, avec un enfant ne perdez jamais le Malinois de vue. Quelle que soit la race du Malinois, cette règle est essentielle.

Pour choisir votre chiot, il y a le test comportemental élaboré par le psychologue William Campbell à la fin des années soixante, qui a été créé pour prévoir les tendances comportementales des chiots soumis aux ordres et à la domination (physique et sociale) de l'homme.

Son but est d'aider un acquéreur potentiel à choisir, à l'intérieur d'une portée, le sujet le plus adapté au milieu et à la famille dans lequel il est appelé à vivre.

Le test de Campbell est très utile si l'on n'attend pas d'autres résultats que ceux prévus à l'origine par ce test : ce n'est ni un test d'intelligence ni un test d'aptitude, et l'on ne peut donc pas considérer qu'il va nous fournir des indications allant dans ce sens.

Dans quelques cas seulement, avec des races au caractère très particulier – comme le Chow-Chow –, le test de Campbell ne donne pas de résultats fiables.

Le test se fait entre quarante à cinquante jours, il dure une demi-heure. Vous choisirez un lieu isolé et tranquille, sans distraction, et clos. Il doit y avoir une entrée parfaitement identifiable. Il est indispensable que ce lieu, situé à l'extérieur ou à l'intérieur, soit absolument inconnu du chiot.

Le futur propriétaire du chiot doit demander à exécuter le test lui-même.

Si l'éleveur vous dit qu'il a déjà soumis la portée au test, demandez-lui gentiment l'autorisation de le refaire vous-même. S'il refuse, à vous de juger l'éleveur. Sûrement, sa notoriété est surfaite.

Vous prenez vous-même le chiot que vous envisagez et vous le conduisez dans une zone choisie pour le test. Cette zone a été évidemment définie avec l'éleveur.

Vous ne devez pas parler au chiot, ni l'encourager, ni le caresser. Si le chiot fait ses besoins pendant le test, ignorez la chose et ne nettoyez l'endroit que quand le chiot sera parti.

Attraction sociale : Posez délicatement le chiot au centre de la zone de test et éloignez-vous de quelques mètres dans la direction opposée à celle de l'entrée. Accroupissez-vous ou asseyez-vous en tailleur et tapez doucement dans vos mains pour attirer le chiot, il doit vous rejoindre.

Aptitude à suivre : Partez d'un point situé à proximité du chiot et éloignez-vous du chiot en marchant normalement. Le chiot doit vous suivre tout de suite.

Réponse à la contrainte : Accroupissez-vous, retournez délicatement le chiot sur le dos et maintenez-le dans cette position pendant 30 secondes environ en laissant votre main sur sa poitrine. Le Malinois se rebelle puis se calme et vous lèche.

Dominance sociale : Baissez-vous et caressez doucement le chiot en partant de la tête et en continuant par le cou et le dos. Le chiot se retourne et vous lèche les mains.

Dominance par élévation : Prenez le chiot sous le ventre en croisant vos doigts, les paumes des mains vers le haut. Soulevez-le légèrement du sol et maintenez-le ainsi pendant 30 secondes environ. En principe, le chiot se rebelle, puis se calme, et vous lèche les mains.

Le test complet est modulable, en fonction des réponses, je vous ai donné les meilleures réponses du chiot.

Certains chiots ont tendance à réagir d'une façon agressive et pourraient même mordre. Ils ne conviennent pas à une famille avec des enfants ou des personnes âgées, car ils ont trop de caractère et sont à réserver à un maître averti qui veut faire de l'activité canine.

Certains chiots ont tendance à se faire valoir, sans toutefois atteindre des excès. Ils ne sont pas recommandés dans les familles où vivent déjà des enfants en bas âge ou d'autres Malinoiss du même sexe.

Certains chiots sont extrêmement soumis, et devront recevoir beaucoup de douceur et de gratifications pour avoir confiance en eux et parvenir à s'adapter le mieux possible au milieu humain. Ils cohabiteront difficilement avec des enfants.

À vous de situer le chiot en fonction du test. Le chiot a répondu comme je vous l'ai indiqué, il est complètement équilibré et pourra s'adapter partout, même s'il y a des enfants ou des personnes âgées. Il a un degré élevé de docilité.

3 - L'ARRIVÉE DU MALINOIS

Avant de voyager, vous avez réglé les dernières formalités, et vous avez été particulièrement attentifs aux vaccinations. Vous avez un carnet de santé, un livret des origines familiales, un carnet de vaccinations et une facture.
Pour votre voyage : le chiot Malinois est un être fragile qui va pour la première fois vivre ce qui est pour lui un drame. Alors, soyez compréhensifs envers votre chiot.
Vous ferez une halte par heure. Vous avez de l'eau, une gamelle, du papier absorbant, deux serviettes, et une vieille chemise à vous.
Pourquoi vous demandez-vous ? Eh bien la chemise va beaucoup servir plus tard, car elle sera imprégnée de votre odeur, et deviendra un repère pour le Malinois.
Lorsque le chiot Malinois entre à la maison, il faut qu'il trouve un coin prêt pour lui. Il aura un panier avec un tapis moelleux. Il faut éviter l'osier, car le chiot va déchiqueter et engloutir des morceaux. Vous aurez prévu deux écuelles si possibles, en acier et des jouets. Il devra y avoir deux types de jouets, pour s'amuser, et pour travailler.
Ne donnez pas des jouets en mousse ou en plastique que le chiot Malinois va détruire et dont il avalera des

morceaux. Je préconise une balle ronde, une balle ovale et une barre en élastomère. Je ne suis pas sponsorisé, alors je m'autorise à vous conseiller la marque « Kong » qui est à mon sens la plus résistante et qui est ajourée pour mettre des friandises dans les jouets. Le poids du Malinois pèsera à terme sur leurs articulations non protégées par du poil, et cela engendrera des calcites aux coudes des pattes. Offrez à votre chiot un coussin de panier très confortable et si possible avec une housse lavable.

Il ne faudra pas donner de suite ses jouets au chiot Malinois. Vous devrez attendre au minimum trois jours avant de jouer avec lui. Ensuite, vous pourrez en laisser à la disposition du chiot.

Les jouets de travail vous les garderez pour l'apprentissage avec le chiot. Cette procédure est la base de l'éducation du chiot Malinois.

Le chiot en arrivant va devoir s'habituer à son chez lui et à sa nouvelle famille. Soyez patients, laissez le chiot prendre ses marques. Vous devrez attendre que votre Malinois soit en sécurité et se sente protégé avant de le solliciter.

À son arrivée, vous allez d'abord continuer les câlins, et doucement laisser le chiot explorer sa nouvelle maison. À ce moment-là, il y aura peut-être un besoin urgent et vous devrez « faire comme si de rien n'était ». S'il vous plaît, ne montrez pas au Malinois que vous nettoyez, ne marquez pas le moment des besoins sinon vous augmenterez le temps que le chiot mettra à être propre.

Si vous avez un jardin, vous pourrez anticiper le moment du besoin urgent. Votre chiot Malinois sera très vite propre.

Le chiot mettra son museau partout, laissez-le faire pour qu'il puisse se familiariser avec son milieu. Comme il va à un moment faire une bêtise, votre première leçon d'éducation va commencer.

Vous devez savoir dire « NON » de façon sèche. C'est très important.

Ne vous inquiétez pas, si vous devez répéter. Pendant les deux premières semaines, c'est juste un « NON » que vous répéterez autant de fois que nécessaire. Surtout, il ne doit pas y avoir de punitions.

Ne vous précipitez pas au moindre gémissement du Malinois, sous peine d'en faire un mauvais comportement.

Le Malinois vit sa vie, vous vivez la vôtre. Ce n'est pas le Malinois qui décide.

Vous éviterez l'accident en apprenant à bien soulever le chiot, mettez une main sur la poitrine, mettez l'autre main sous les fesses.

Après une semaine, vous ne direz « NON » que deux fois. Si le Malinois continue, vous n'insisterez pas. Vous changerez de stratégie. Première leçon : il ne faut pas crier. Deuxième leçon : il ne faut jamais toucher le Malinois pour le contraindre.

Vous allez associer l'ordre « NON » à un bruit. J'utilise une bouteille d'eau en plastique remplie de petits cailloux et bien bouchonnée et entourée d'un torchon.

Vous lancerez la bouteille à droite ou à gauche du Malinois en donnant sèchement l'ordre « Non ».

Je dis à droite ou à gauche et suffisamment loin de lui. C'est juste fait pour détourner son attention. L'erreur sera de toucher le Malinois avec la bouteille, car vous le rendrez peureux.

S'il vous plaît, ce n'est pas un jouet, mais un outil d'éducation, alors ne donnez pas la bouteille au chiot pour jouer.

Le chiot devra rester une semaine dans sa maison avec sa famille. Il ne devra pas rester seul, car il serait désorienté et stressé. Et malheureusement, votre chiot répondra à sa façon à son déséquilibre. Oui bien sûr il y a la propreté. Pensez-vous que le chiot fera ses besoins dehors ? Essayez. Mais attention à ne pas exposer le chiot, car son système immunitaire est inexistant pour l'instant.

Après une semaine, sortez et laissez le Malinois seul chez vous cinq minutes puis revenez. Félicitez-le, il est resté tranquille, il sera content de vous revoir. S'il a fait un besoin, ou une bêtise, faite comme si de rien n'était. Vous pourrez diminuer le temps, et mettre trois minutes. En général, nous commençons par cinq minutes, puis dix minutes, faites-le tous les jours, et augmentez la durée. Le Malinois n'a pas la notion du temps. Mais, il a peur de l'abandon. Alors, transformez la notion d'abandon en attente positive. Vous allez vivre longtemps avec votre Malinois. Alors, soyez attentif à l'éducation de base.

À partir de deux semaines chez vous le Malinois devra sortir et là aussi vous devrez respecter une procédure. Pour sa première sortie, le Malinois portera une laisse et un collier en cuir. Il ne faut pas utiliser un collier « étrangleur ». Il ne faut pas utiliser un collier électronique. Plus tard vous pourrez utiliser un harnais.

Vous maîtrisez le premier commandement qui est le « Non ». Vous allez travailler l'ordre « Au pied ». Vous vous rendez dans un endroit calme et vous allez apprendre au chiot Malinois à marcher à côté de vous. Commencez par mettre votre Malinois à votre gauche, puis commandez « nom de votre Malinois - au pied » et avancez la jambe gauche. Le mousqueton doit tomber librement, le chiot doit avoir les épaules à la hauteur de votre genou. Le chiot doit vous suivre, mais pas vous devancer. Surtout, allez-y doucement, vous ne corrigez pas le chiot, vous lui apprenez. Ne vous inquiétez pas, il comprend. Le Malinois est en apprentissage. Soyez compréhensifs. Avez-vous appris immédiatement ?

Pour l'instant, limitez-vous à l'apprentissage de la marche en laisse ? Il ne faut que votre ordre soit toujours « nom de votre chiot - au pied » et vous ramenez le chiot en bonne position. J'ai dit délicatement, car c'est un chiot. Mais il a le droit de sortir, et en tout cas il ne doit pas apprendre un mauvais comportement. N'allez pas brûler les étapes. Vous avez remarqué que nous avons commencé tôt son éducation.

Les sorties devront être progressives en durée et en complexité. N'exposez pas votre chiot Malinois au centre-ville un samedi aux heures de pointe.

Commencez par des balades en campagne, puis en ville dans un endroit protégé du trafic, puis petit à petit exposez le chiot Malinois.

Tôt ou tard votre chiot Malinois aura peur. S'il vous plaît, n'ancrez surtout pas ce comportement. Faites comme si de rien n'était et continuez à marcher. Il ne faut jamais féliciter un chiot pour un comportement inadéquat.

Je vous résume ma méthode pour le chiot Malinois : l'ancrage et le renforcement positif. Rien d'autre.

Quand on désire un peu de tranquillité à la maison, on peut utiliser un enclos pour chiot. Le Malinois doit avoir un repère, c'est son panier. Il doit de lui-même s'habituer à s'y rendre. C'est son coin, vous n'avez pas le droit d'y aller.

Vous pouvez aussi avoir une cage de transport métallique. Il faut l'y habituer dès son plus jeune âge, en le mettant dedans. Pour amener le chiot Malinois à utiliser son panier puis à accepter sa cage de transport, il faut y placer au début un os à mâcher, ou de la panse à mordiller, ou des oreilles à lécher, et son jouet préféré, mais surtout sous le coussin la chemise qui a été utilisée pour l'arrivée du Malinois et qui porte votre odeur. L'ancrage olfactif est une façon de rassurer le Malinois. Le chiot ne devra jamais être dérangé lorsqu'il se trouvera dans son coin.

4 - LA PROPRETÉ DU MALINOIS

Pour votre chiot Malinois, la propreté signifie naturellement de ne pas faire sur les lieux de couchage et de nourriture. Le chiot doit donc comprendre la propreté autrement.

Pour faciliter l'apprentissage, vous devez respecter quelques règles.

Distribuez la nourriture à heure fixe et si possible pas le soir tard.

Vous devez laisser manger le Malinois seul au calme, et lui retirer sa gamelle vingt minutes après la lui avoir donnée. Qu'elle soit vide ou pas.

Toujours laisser de l'eau propre disponible.

Sachant que le chiot se soulage après l'ingestion de nourriture, sortez-le juste après avoir mangé, mais ne le faites pas courir.

Un chiot dort beaucoup, il va donc se reposer de nombreuses heures et souhaite se soulager presque automatiquement à son réveil. Sortez-le juste après le repos.

Un chiot de 8 semaines ne peut pas se retenir plus d'une heure ou 2 dans la journée, 3 ou 4 heures la nuit, donc soyez patients. Vous pouvez compter les heures et sortir le chiot. Je vous assure que cela fonctionne très bien, si vous sortez le Malinois après les repas, après les siestes, après les séances de jeux, le soir avant le coucher et le matin dès le jour et les premiers bruits. Un Malinois va vite comprendre, et viendra vous alerter.

Il ne faudra pas attendre, du chiot Malinois, une réelle capacité à se retenir plusieurs heures avant l'âge de 6 mois.

Vous devez sortir le chiot trois fois par jour au minimum.

Le chiot parfois va naturellement se soulager dans la maison, surtout ne le punissez pas. Mais n'ancrez pas ce mauvais comportement. Faite comme si de rien n'était.

Sortir le chiot Malinois souvent et dès son plus jeune âge est une évidence.

Au début, choisissez de le conduire en laisse dans des endroits tranquilles et propres.

Les endroits bruyants, très fréquentés de gens et de congénères sont à proscrire.

Il est conseillé de sortir le chiot Malinois avant ses 3 mois. Le risque infectieux est minime. Par contre pour son éducation c'est génial. Il deviendra plus vite équilibré et capable de faire ses besoins en laisse où que vous alliez. Et même si votre chiot Malinois dispose d'un jardin, cela ne dispense surtout pas de le sortir dans la campagne.

Enfin pas de fixation sur la propreté, elle viendra entre six et huit mois.

5 - LA SOCIALISATION DU MALINOIS

À partir de sa huitième semaine, le chiot Malinois peut de manière légale quitter l'endroit où il est né.

Il va falloir qu'il découvre sa nouvelle « maison » et poursuive l'apprentissage de la vie, de ce qui l'attend dans les mois et années à venir.

Des expériences nouvelles sont indispensables au chiot Malinois pour acquérir un équilibre comportemental satisfaisant à l'âge adulte, cette confrontation avec le monde qui l'entoure doit se réaliser dans de bonnes conditions (absence d'éléments anxiogènes).

Le chiot a grandi aux côtés de sa mère qui s'est occupée de lui inculquer quelques règles. Dans le meilleur des cas, il était aussi entouré de frères et sœurs avec lesquels il a pu échanger, jouer et apprendre aussi le partage. S'il a vécu à la campagne et qu'il se retrouve en ville – ou inversement – cela constitue un premier grand changement dans sa vie.

De nouveaux bruits, puis un nouvel environnement, les premiers jours, cela fait beaucoup d'un seul coup ! C'est pour cela qu'il convient de l'accueillir avec un certain calme.

Le chiot Malinois doit une semaine après son arrivée être manipulé régulièrement, mais précautionneusement, et confronté en douceur et de manière progressive aux différents bruits de la vie courante, il sera plus rapidement à l'aise.

Ensuite, il devra être confronté aux bruits, de la télévision, de la radio, de l'aspirateur, du balai que l'on passe non loin de son museau, aux voisins dans l'escalier ou le jardin, aux visites d'amis.

Le chiot vacciné, vous devez sortir le plus possible sans craindre pour sa santé. C'est essentiel.

Apprenez-lui progressivement à s'habituer à tous les bruits, à tous les lieux. Ces petites incursions alors qu'il est tout jeune lui éviteront de nombreux problèmes plus tard dans sa vie. Et surtout, surtout, faites-lui croiser des gens. Arrêtez-vous, serrez des mains et habituez-le aux enfants de la rue qui veulent le complimenter.

Tordons le cou encore à une idée reçue, le Malinois ne devrait jamais être caressé par des étrangers, pour préserver son instinct de garde. Pas de chance c'est exactement l'inverse. Il faut le socialiser sinon ce ne sera pas un Malinois de garde qui sait analyser un danger, mais un lion en cage prêt à bondir sur tout ce qui passe à sa portée.

Le chiot Malinois doit être présenté à des enfants de tous les âges, s'il n'y en a pas dans la maison, trouvez-en. Par contre, il doit toujours y avoir un adulte qui supervise lorsque les enfants sont avec le chiot de manière à ce que les jeux ne deviennent pas trop houleux et que le chiot ait une expérience positive.

Le chiot Malinois doit être présenté à des Malinoiss adultes. Si le chiot fait mal à l'adulte, le gros Malinois trouvera une manière d'arrêter le petit, soit avec un grondement soit avec un aboiement. Stoppez immédiatement votre chiot. Ces conseils sont essentiels pour l'éducation. Apprenez à votre chiot à accepter d'être manipulé par d'autres que vous dès son plus jeune âge. Demandez à vos amis de procéder doucement à l'examen des oreilles, des yeux, de la queue, des gencives et des dents de votre chiot.

Donnez une petite récompense au chiot pour avoir permis ceci. Par contre la récompense ce n'est que vous. Essayez de vous souvenir de cette règle. Ne permettez à personne de nourrir votre chiot Malinois, c'est la base de l'éducation au refus d'appât. De cette manière, les chiots apprendront qu'être manipulés par tout un tas de gens est une expérience agréable et manger ce n'est que sur indication du maître. Pour les obligations de pension, il faudra que le Malinois soit présenté à l'accueillant et progressivement immergé (une heure en pension, puis deux…), ne mettez pas le Malinois en pension avant son éducation complète c'est-à-dire dix-huit mois. Si vous utilisez votre Malinois en garde, évitez la pension et préférez confier le Malinois à des proches connus du Malinois et avertis.

6 - RÈGLES D'ÉDUCATION POUR LE MALINOIS

Il ne faut jamais toucher un Malinois pour le contraindre. J'entends par toucher, vouloir imposer à un Malinois une position. Nous n'utiliserons jamais de collier électronique ni de collier étrangleur. Vous ne corrigez pas un Malinois, c'est juste malsain et violent, vous devez dire « Non » fermement. Dès l'apprentissage je conseille d'utiliser un harnais de type professionnel. Tout simplement c'est plus aisé pour le Malinois et moins dangereux pour son cou. Il ne faut jamais crier. Le Malinois perçoit les ultrasons, donc il vous entend même si vous parlez à voix basse. Surtout la modulation de voix sera votre outil pédagogique. Vous devez vous forcer à parler normalement à votre Malinois. Dans les cas d'extrême urgence seulement vous pourrez utiliser un ordre crié et ce sera l'objet d'une éducation ciblée. Si vous gâchez toutes vos munitions maintenant vous serez désarmés en cas de besoin extrême. Alors je vous conseille de parler bas, de répéter en montant un peu le ton et pas plus. Évidemment l le Malinois peut très bien ne pas obéir, voir se rebeller, mais nous avons d'autres tactiques. Si vous associez la voix, avec un geste et un son, vous aurez « TOUT BON » et apprenez à faire la tête et à détourner le regard si votre Malinois n'écoute pas. Je ne t'aime plus et je ne m'occupe plus de toi, il a horreur de cette stratégie. Même un Malinois avec un brevet de défense et qui a de multiples interventions à son actif.

Je vous l'affirme. Rappelez-vous que je sanctionne sur l'action par un comportement proportionné (voix, geste, et je boude) puis je lève la punition après deux minutes.

Certains se disent que ce n'est pas possible, qu'il faut crier, punir, enfermer, mettre des raclées… ne les écoutez pas… ils n'ont jamais eu à intervenir avec un Malinois en zone de haut risque… ils sont juste ignorants et irresponsables. Et c'est malheureux, car leur Malinois n'interviendra jamais selon son instinct, car il sera dépendant et parfois même il aura peur de son maître : c'est la pire des situations. Le chiot et le Malinois sont deux réalités différentes, et nous devons parler d'apprentissage pour le chiot et d'éducation pour le Malinois. Bannissez le mot dressage. Vous a-t-on dressés quand vous étiez enfants ? Pendant le jeune âge, la psychologie du chiot est complètement différente. Le chiot réagit à des stimulations de façon différente du Malinois. Il faut souligner que la construction mentale d'un jeune chiot est comme une éponge prête à absorber des millions d'informations. Un chiot ne doit pas travailler plus d'une demi-heure d'affilée jusqu'à six mois, ensuite la charge augmente. Il faut commencer l'éducation du chiot tôt. Mais respectez cette règle, il faut travailler souvent, mais pas longtemps. Surtout le travail pour le chiot est basé sur le jeu et le plaisir. Aussi vous pouvez faire comme les professionnels et apprendre à moduler votre ton de voix, et utiliser une voix normale pour tous les ordres quotidiens et monter la voix pour les ordres plus complexes, et les enchaînements. La première règle est de récompenser un comportement attendu, et de faire comme si de rien n'était avec un comportement inadapté. La deuxième règle qu'il faut faire apprendre, faire répéter, puis faire associer les comportements attendus. La règle essentielle, c'est que l'apprentissage se fait toujours en utilisant le jeu et la friandise.

7- LES JEUX AVEC VOTRE MALINOIS

Le principe du jeu avec le chiot Malinois, c'est que tout le monde gagne.
Tout ce qui compte c'est d'utiliser le jeu pour faire apprendre. Un comportement récompensé a tendance à se répéter et un comportement réprimandé aura tendance à décroître avec le temps et parfois disparaître. Le renforcement positif est la base de l'apprentissage. Gagner et perdre renforce votre obstination alors vous persistez et vous vous améliorez, et un jour vous devenez un champion. Seulement, il faut gagner de temps en temps, sinon vous serez frustrés et vous abandonnerez. Il faut laisser gagner Malinois, et ainsi sa motivation suivra. Les jeux de traction sont anodins. Ils sont dérivés de la dispute pour un morceau de proie. C'est un jeu que le Malinois adore. C'est un jeu qui renforce le mordant, l'intensité de la prise en gueule. Si le Malinois essaye de vous mordre, le jeu de traction est immédiatement stoppé.
Les jeux de rapports d'objets sont fortement conseillés pour le Malinois. Vous lancez une balle. Le Malinois doit courir vers l'endroit où la balle est tombée. Ensuite vous lui apprendrez à rapporter la balle, puis à vous la donner et à aller la rechercher si vous la lancez à nouveau. Attention dès que votre Malinois s'énerve ou se prend au jeu, stoppez immédiatement.
Un anneau flottant remplacera la balle de tennis pour jouer au rapport d'objet en milieu aquatique. Le

Malinois adore jouer dans l'eau, ne l'en privez pas, il sait nager.

8 – L'ÉDUCATION DU MALINOIS

Marche aux pieds avec la laisse

Quand un Malinois tire sur sa laisse, il se met aux avant-postes pour renifler un emplacement particulièrement apprécié, rejoindre un camarade de jeu, faire en fait quelque chose à sa convenance. Le maître doit refuser. Sinon tirer sur la laisse est récompensé par la réalisation de l'objectif. Votre rôle sera de ne pas céder, au contraire, soyez fermes pour que votre compagnon marche au pied avec la laisse. Il faut vous arrêter si le Malinois tire sur la laisse, puis attendre un peu et donner l'ordre « non ». Il n'est pas souhaitable de bloquer le Malinois avec sa jambe pour l'obliger à être à bonne hauteur. Chez le Malinois il est plus judicieux de changer de direction dès que vous sentez qu'il tire, de stopper et de dire « non ».

Assis, couché, debout

Une friandise aide à apprendre à s'asseoir, à se coucher et à se mettre debout.

Au début, vous dites l'ordre quand le Malinois entame la position souhaitée puis vous faites un geste adéquat par exemple main vers le haut pour le debout, vers le bas pour le coucher et à l'horizontale pour l'ordre assis, enfin vous associez un son au Clicker par exemple, un coup pour l'ordre assis, deux coups pour le coucher, un seul coup très long pour le debout. Vous terminez chaque exercice avec un signal de fin de cours (par exemple : va jouer). Et n'oubliez jamais la friandise (en fin d'exercice pour le chiot, en fin de séance pour le Malinois). Par contre la caresse c'est toujours, dès que c'est bien exécuté.

<u>Travailler l'ordre « assis » :</u>

Prenez une friandise dans la main et tenez-la de manière à ce que le Malinois puisse la sentir et la lécher, mais pas la manger. Vous allez doucement déplacer la friandise de son museau vers le dessus de sa tête. Le Malinois va alors commencer à s'asseoir pour être plus à l'aise et suivre la friandise des yeux. Maintenant vous enchaînez l'ordre, le geste et le son. Dès que l'arrière-train touche le sol, donnez la friandise. Je déconseille, mais c'est possible d'apprendre d'abord avec l'ordre, puis avec l'ordre et le geste, puis avec l'ordre, le geste et le son. C'est moins bien pour le conditionnement.

Avec un Malinois, il est impératif de travailler avec les trois systèmes de reconnaissance. Avec trois signaux différents, vous éviterez la confusion, ce qui est essentiel pour un « stop » ou un « au pied ».

<u>Travailler l'ordre « couché » :</u>

Il ne faut pas travailler à partir de la position assise, c'est une hérésie qui gênera le conditionnement. Vous devez partir de l'ordre Malinois debout. Vous déplacez une friandise en partant devant le museau du Malinois et en allant vers le sol. Le Malinois suivra votre mouvement. Vous devez uniquement lui donner la friandise quand il est couché. Vous pouvez placer une friandise sous une chaise ou une table suffisamment basse pour que le Malinois se couche pour manger la friandise.

Souvenez-vous au début il ne faut pas donner l'ordre tant que le Malinois s'apprête à prendre la position souhaitée.

Travailler l'ordre « debout » :

Le Malinois est au coucher, vous tenez une friandise devant le museau et vous éloignez lentement votre main en suivant une ligne parallèle au sol et dès que le Malinois lève les pattes arrière pour se mettre debout, à ce moment-là vous offrez la friandise.

Travailler l'ordre « Pas bougé » :

Mettez le Malinois à l'ordre « assis », tenez une friandise en mains, attendez dès que le Malinois commence à bouger donnez l'ordre « pas bougé » et offrez la friandise.

Au fil du temps, votre Malinois gagnera en assurance et respectera de plus en plus longtemps la position « pas bougé ». Vous devrez alors faire l'exercice en vous éloignant progressivement de votre Malinois.

Commencez par vous éloigner d'un mètre. Puis vous donnez l'ordre et vous récompensez.

Avant d'augmenter la distance, il faut vous assurer que le Malinois ne bouge pas sur l'exercice.

Ensuite il faudra vous cacher et laisser le Malinois sur place avec l'ordre « pas bougé ».

Il ne faut pas chercher l'échec, il faut patiemment ancrer les distances pour en faire accepter de nouvelles.

Le travail à distance sur les positions de base :

Le Malinois doit apprendre que l'ordre ne signifie pas qu'il doit prendre la position demandée en étant près de vous, mais il doit prendre la position là où il se trouve et au moment où vous la lui demandez. L'importance de la coordination du mot, du geste et d'un son devient essentielle.

Attachez votre Malinois à un arbre et éloignez-vous de 2 m et vous donnez l'ordre « Assis ». Rejoignez le Malinois et récompensez-le. Au futur et à mesure, vous augmenterez progressivement la distance vous séparant du Malinois. Si besoin vous repartez de la distance précédente. Avant d'augmenter la distance, il faut vous assurer que le Malinois ne bouge pas sur l'exercice. Il ne faut pas chercher l'échec, il faut patiemment ancrer les distances pour en faire accepter de nouvelles. Maintenant vous recommencez le travail avec le Malinois sans laisse (attention il faut être en endroit clos).

Dans le travail à distance sur les positions de base, nous incluons l'arrêt sur l'ordre « stop ». Vous marchez, et vous donnez à votre Malinois l'ordre « assis » suivi de l'ordre « pas bougé », et vous faites deux pas puis vous donnez l'ordre « au pied ». Au futur et à mesure, vous augmenterez progressivement la distance. Dans un deuxième exercice, vous demanderez à votre Malinois de rester « debout » et vous continuerez à marcher en rajoutant l'ordre « pas bouger ». N'oubliez jamais de féliciter et de récompenser. Au fur et à mesure des exercices il n'y aura que la félicitation, la récompense sera donnée en fin de séance.

Au pied : L'ordre « au pied » est essentiel, il a déjà été travaillé juste avant, mais nous allons l'ancrer. Dans de nombreuses situations lorsque vous vous promenez, il s'agira de rappeler le Malinois, mais aussi de l'habituer à marcher au pied près de vous. Vous devez apprendre à votre Malinois la marche côté droit. En ville, le Malinois doit marcher côté intérieur (boutiques).

Pour la marche au pied sans laisse. Vous débutez avec une marche aux pieds avec la laisse et vous décrochez la laisse en laissant une main sur le dos du Malinois. Offrez la friandise. Maintenant vous donnez l'ordre « marche au pied », le Malinois suit à vos pieds. Vous donnez la friandise tous les dix mètres, puis vous espacez les friandises. Vous devrez augmenter progressivement la durée pendant laquelle le Malinois marche à vos côtés sans laisse pour que le Malinois reste concentré donnez l'ordre « au pied » régulièrement.

Faites preuve de patience, il faut absolument obtenir la collaboration de l'animal. Si vous réalisez cet exercice avec la laisse il y a de fortes chances pour que vous ne puissiez jamais le réaliser le Malinois en liberté sans laisse.

L'ordre « au pied » doit se travailler lors de toutes les sorties. Dès le départ de votre balade, lorsque vous décidez d'enlever la laisse, vous demanderez plusieurs fois l'ordre « au pied ». La récompense sera de pouvoir laisser le Malinois se balader un moment librement. Bien entendu, le Malinois doit rester sous votre contrôle notamment s'il y a un manque de visibilité, s'il y a le moindre risque et si vous croisez d'autres promeneurs avec ou sans Malinois. La règle est de mettre votre Malinois au pied puis en laisse dès que vous croisez d'autres personnes avec ou sans Malinois. Si le Malinois déroge à la règle de rappel au pied il doit être immédiatement mis en laisse pour une période d'au moins de 10 minutes. Au bout de cette période, vous refaites un test, si le Malinois déroge à la règle du rappel au pied, le reste de la balade se fera en laisse.

L'ordre non :

« Non » est un ordre signifiant « tu peux abandonner tout de suite, je te l'interdis ». Une éducation digne de ce nom et qui vise à avoir un Malinois facile à vivre suppose que vous consacriez du temps à cet ordre. Bien entendu, vous pouvez choisir un autre mot que « non », l'important sera d'y associer un geste et un signal sonore. Pour le geste et le signal sonore, il vous faut faire très attention à éviter toute confusion involontaire avec un autre ordre.

Pour le premier exercice, munissez-vous d'une récompense, tenez votre Malinois en laisse, placez la récompense de manière à ce que l'animal puisse la voir et la sentir, mais pas l'atteindre. Au moment où le Malinois tire sur la laisse pour tenter d'attraper la récompense, vous donnez l'ordre « non », une seule fois. Ensuite, vous restez silencieux. À cet instant le

Malinois va-t-il essayer de désobéir ? Vous devez alors absolument rester sur place et ne pas cédez il faut rester silencieux et détourner le regard. Le Malinois va avoir l'envie de désobéir. La tentation augmentera et l'exercice sera intéressant. Vous devez répéter l'ordre « non » au bout d'une minute. Puis vous augmenterez le temps.

Pendant vos promenades, vous devez régulièrement en fonction de l'attitude du Malinois vérifier la compréhension de l'ordre « non » lors de son éducation, l'ordre « non » indique au Malinois l'interdiction. Il y a des interdictions directes et des interdictions qui doivent être intégrées par le Malinois même sans votre présence, notamment le refus d'appât, et ne pas se jeter sur le grillage quand il y a un passant, c'est très aisé à apprendre à un Malinois. Sur le chemin de la promenade, vous placez avant la balade de la nourriture sous une pierre ou un morceau de bois de façon à ce qu'elle soit à portée de l'animal, le Malinois découvrira la nourriture cachée. À cet instant vous utiliserez l'ordre « non ». Au plus vous entraînerez le Malinois au mieux il réagira au signal de l'ordre « non ». Soyez néanmoins attentifs : de ne pas utiliser le signal s'il est déjà trop tard et que le Malinois a touché à la nourriture, dans ce cas la réprimande est par la voix de façon ferme et nette « non », mettez-le en laisse et ne parlez plus au Malinois pendant dix minutes.

<u>L'ordre donne :</u>

Apprendre à un Malinois à donner un objet sur votre ordre s'avérera utile et indispensable en cas d'urgence. Des exercices basés sur l'échange constituent le fondement de cet exercice, évitant ainsi tout esprit d'obligations. Pour le réaliser, vous avez besoin d'haltères en bois, d'une part parce que c'est l'objet utilisé en sport canin d'autre part par ce que le Malinois ne peut pas avaler ce type d'objets. Au départ de l'apprentissage, vous utiliserez une balle ajourée dans laquelle vous glisserez une friandise. Vous lancez la balle. Vous donnez l'ordre : « va chercher ». Le Malinois ne peut pas prendre la friandise, il vous ramène la balle. Vous donnez l'ordre : « donne » et vous lui offrez la friandise. Le plus important sera de ne pas brûler les étapes, de faire l'exercice une ou deux fois.

<u>Le rappel :</u>

Un Malinois sur ordre qui fait demi-tour sans hésitation alors qu'il est fortement distrait par l'environnement et qui revient rapidement vers son maître a un excellent rappel. C'est seulement dans ces conditions que vous pourrez lâcher votre Malinois. Le principe fondamental du rappel est de ne rappeler le Malinois que si vous êtes sûr qu'il viendra. Pour obtenir ce résultat avec un Malinois, il faut commencer par apprendre l'ordre « au pied » et le Malinois à moins de 2 m de vous vous donnez l'ordre « au pied ». Le rappel ne doit laisser aucune place à une prise de décision du Malinois, il doit induire uniquement une réaction immédiate. Il ne faut pas vous attarder sur le fait de savoir si votre Malinois va obéir. Vous devez répéter chaque jour, et savoir que ce n'est jamais acquis. Lors des ballades, vous devez tester votre Malinois. C'est négatif vous mettez le Malinois laisse. Un Malinois respectera vite le code : la liberté est en échange du rappel immédiat.

Le secret du rappel est de travailler quotidiennement et d'avoir trois signaux à sa disposition (par exemple un coup de sifflet, et la main à la verticale en plus de l'ordre au pied). Votre Malinois devra savoir clairement ce que signifie l'ordre « au pied ».

<u>L'ordre stop :</u>

L'ordre « Stop », et l'ordre « au pied » doivent être travaillés séparément. L'ordre au pied concerne le rappel. L'ordre stop est une demande d'arrêt immédiat en cas d'urgence avec l'arrêt du Malinois à l'endroit où il se trouve. L'ordre « stop » doit être travaillé après la maîtrise de l'ordre « au pied ». Lors d'une promenade, vous changez de direction et vous observez votre Malinois du coin de l'œil et vous donnez l'ordre « stop ».

Le rappel et le stop doivent être travaillés à chaque sortie et plusieurs fois lors de la sortie, mais à tour de rôle. Il ne faut pas enchaîner les ordres, mais au contraire les intégrés au quotidien du Malinois. Au fur et à mesure vous vous apercevrez que le Malinois revient comme un éclair, il est entré dans le jeu, à ce moment-là il faudra fortement le récompenser, car vous avez gagné et le lien de confiance est total.

Le risque zéro n'existe pas, il y aura toujours quelques désobéissances, même pour un Malinois comme le vôtre qui est au TOP. Lorsque des Malinoiss se rencontrent, le meilleur moyen de désamorcer une situation tendue consiste à poursuivre sa route rapidement et de manière décontractée. Si vous restez sur place, vous favorisez le début d'une dispute toujours possible. Si les Malinoiss en arrivent à cette extrémité, les deux propriétaires doivent s'éloigner l'un de l'autre dans des directions opposées ; il s'agit de la méthode la plus facile pour mettre un terme à l'agressivité. Cette option n'est possible que lorsque les deux propriétaires sont conscients de l'obéissance de leurs animaux.

Une règle absolue et qu'un Malinois qui en provoque un autre est immédiatement stoppé par son maître.

Le droit de la propriété littéraire et artistique est inscrit dans la Déclaration universelle des droits de l'homme, à l'article 27, alinéa 2 : « Chacun a droit à la protection des intérêts moraux et matériels découlant de toute production scientifique, littéraire ou artistique dont il est l'auteur ».
En France, le droit d'auteur est protégé par le Code de la propriété intellectuelle. Article L 111-1 : « L'auteur d'une œuvre de l'esprit jouit sur cette œuvre, du seul fait de sa création, d'un droit de propriété incorporelle exclusif et opposable à tous ».

ISBN : 9781096857563

Marque éditoriale : Independently published

Édition par KDP

Difffusion Amason LTD

Tous droits réservés

FIN

Printed in France by Amazon
Brétigny-sur-Orge, FR